VÅRT FÄDERNESLAND
OCH DESS FÖRSVAR

VÅRT FÄDERNESLAND OCH DESS FÖRSVAR

Soldatinstruktion.

Allmän del. 1930.

Förord

Föreliggande skrift är en långkörare inom den nationella oppositionens publicistiska arbete. Partier, föreningar och förlag har gjort åtskilliga nytryck av den genom åren. Det är inte så underligt eftersom den säger väldigt mycket, väldigt enkelt och på få sidor. Alla kan ta sig tiden att läsa denna skrift och alla kan ta den till sig. Av naturliga skäl färgas ett verk av författaren och skrivlusten som en författare äger gör lätt att texter broderas ut, vilket är i sin ordning naturligtvis och hjälper prosan att finna sin form. Denna skrift är något helt annat. Det är inte ett uttryck för en författares idéer och tankar; inte resultatet av en ordsmeds djupa funderingar. Det är en instruktionsbok i svensk nationalism, utgiven av krigsmakten riktad till den värnpliktige soldaten.

När föreningen Det fria Sverige nu åter gör ett nytryck av denna skrift har vi medvetet valt bort de delar som enkom berör de militära aspekterna (exempelvis det som berättas om uniformer och fälttecken). Detta ger inte läsaren något mervärde utifrån syftet med publiceringen av skriften och utelämnas därmed. Texten i övrigt är lämnad orörd, vilket också innefattar den (för den moderna läsaren) gammalmodiga stavningen. Denna är dock inget hinder för läsningen utan ger snarare en mer genuin upplevelse; skriften är trots allt också ett historiskt dokument.

Sist av allt, läs inte bara denna skrift utan studera den och fundera över innehållet. Du kommer upptäcka att den har mer att ge än man tror vid första anblicken.

Innehåll

Inledning

Det du nu ska läsa är delar av Soldatinstruktion, Allmän del som gavs åt värnpliktiga, svenska soldater från 1930 och framåt. Skriften distribuerades i över hundratusen exemplar och framstår i dag som väsensskild från det som senare tiders värnpliktiga fått lära sig. Då fick svenska soldater och officerare veta att rasegenskaper var avgörande för Sveriges överlevnad, numera är det hbtq, mångkultur och feminism som ska rädda fosterlandet.

I en debattartikel i *Dagens Nyheter* 2006 kallade Jan Myrdal innehållet i Soldatinstruktion för "statlig rasism". Han skrev:

"Skriften Soldatinstruktion, Allmän del distribuerades i mer än hundra tusen exemplar mellan 1929 och 1938. I den heter det bland annat att 'blandning med en icke likvärdig ras utgör en av de största farorna för ett högtstående folk'. Det var ett utslag av svensk statsrasism som fick en långt bredare spridning än den mer kända forskarrasism som på tjugotalet manifesterade sig i Rasbiologiska institutet."

En explosiv skrift, med andra ord! Vi kallar dock inte innehållet "statsrasism" utan sund nationalism. Den, och skriftens heroiska anda, skapade unga svenska män som förstod varför Sverige var värt att försvara och bevara. De som gjort militärtjänsten närmare vår tid vet att sådan nationalism och sådan heroisk anda nöttes bort vartefter och något liknande det som den tidens soldater fick att läsa går inte att finna i vår tid. I dag, på 2010-talet, handlar det svenska försvarets arbete i allt väsentligt om att försvara den liberala demokratin och de uppställda värderingar som definierar den: mångkultur, hbtq, jämställdhet (läs feminism) och så vidare.

Försvarsmakten bekymrar sig inte längre så mycket om Sverige som rike eller svenskarna som folk. Numera handlar det om "AB Sverige" – ett land som skrivit in EU-medlemskapet i grundlagen; ett Sverige där politikerna driver på en politik som uppenbarligen skadar svenskarna och ett land där svenskarna alltid förlorar när grupp ställs mot grupp. I detta "AB Sverige" bröstar man upp sig som demokratins förkämpar, men var och en som tagit bladet från munnen och vågat ifrågasätta politikernas vanstyre eller massmediernas lögner har kommit till insikt om ett skrämmande faktum: Att "liberal demokrati" inte är annat än "demokratur", vilken Vilhelm Moberg sålunda beskrev:

> "I en demokratur (notera ordet noggrant) råder allmänna och fria val, åsiktsfrihet råder formellt men politiken och massmedierna domineras av ett etablissemang som anser att bara vissa meningsyttringar skall släppas fram. Konsekvensen blir att medborgarna lever i en föreställning att de förmedlas en objektiv och allsidig bild av verkligheten. Åsiktsförtrycket är väl dolt, den fria debatten stryps."

Det är denna demokratur Försvarsmakten av i dag utbildar soldaterna att försvara. Hur skiljer sig inte detta från allt det som förr motiverade våra krigsmän? Man blir varse skillnaden när man tar del av soldatinstruktionen från 1930, som bär den passande titeln *Vårt fädernesland och dess försvar.* I dag är antagligen ordet "fädernesland" tabu hos Försvarsmakten.

Soldatinstruktion, Allmän del från 1930 är en medryckande och läsvärd text, om så bara som kuriosa och historiskt dokument. Men den är så mycket mer. Där finns en närvaro och en karskhet som uppmanar läsaren att bli en del av något större, och som nationellt sinnad finner man sig väl tillrätta med tankebanorna.

På det fåtal rader som utgör berättelsen om Sverige, vilken inleder denna soldatinstruktion, får den unga läsaren mer kunskap om sitt lands och sitt folks historia än vad dagens grundskolas samtliga historielektioner ger. När du läser dem, kom ihåg att orden skrevs för inte ens 100 år sedan. Det har gått fort utför.

Kunskapen – insikten – om det egna arvet får inte underskattas. Låt oss säga att man ärver en enkel vas av en släkting. Kanske ser den inte mycket ut för världen, kanske är den gammal och sliten, till och med har en skärv slagits bort från handtaget. Själv vet man inget om gamla vaser och eftersom den inte ser så märkvärdig ut så hanterar man den ovarsamt. Snart nog slås handtaget av och man limmar på det igen, litet slarvigt. Efter några år kommer en ny vän på middag. Hon visar sig vara expert på antikviteter från Orienten och när hon ser vasen med några torkade rosor i köket blir hon alldeles till sig. Det visar sig att vasen är en av sitt slag, en förlorad skatt, en äkta Mingvas med ett värde på åtskilliga tiotals miljoner kronor. Arvet visade sig vara värdefullt och något man borde ha brytt sig om. Hade man vetat det skulle man inte ha vanvårdat vasen.

Det är på samma sätt med oss människor. Om du vet att du är german, att du är svensk och att du tillhör ett unikt folk med en fantastisk historia så kommer du inte lättvindigt kasta bort ditt arv. Du kommer att värdera det, du kommer att vårda det och du kommer inte tillåta att det av andra förnekas eller bespottas. Du kommer känna stolthet över vad dina förfäder åstadkommit och deras umbäranden kommer att sporra dig; du kommer vilja göra dem rättvisa. Du kommer vilja lämna efter dig något bättre, precis som de gjorde.

Denna insikt gör det lätt att förstå varför man i soldatinstruktionen inleder med att berätta om Sveriges historia (och därmed om svensken) för den nya soldaten. Man ville att han skulle förstå vad han hade att försvara. Insikten om det storslagna arvet fick honom att vara redo att (om så krävdes) försvara det med sitt liv.

Kunskapen var viktig.

Kunskapen är fortfarande viktig.

En av förklaringarna till att vi svenskar befinner oss i en sådan dyster situation beror på bristande kunskap och förståelse. Vår kunskapsbrist är just det som gör det möjligt för de antisvenska att fortsätta driva igenom sin agenda. Hur tror du att ett uttalande som "det finns inga svenskar" hade tagits emot av ett folk som ägde kunskap om sin historia? Det hade inte accepterats.

Det är också intressant att notera att det som i dag anses vara tabu var fullkomligt självklart för inte så länge sedan. 1930 behandlas rasfrågan oproblematiskt av krigsmakten och man påtalar den stora faran med folkblandning. I dag ska vi förmås tro att detta var fel, samtidigt som vi ser hur västerlandets trygga hemländer förvandlats till oroshärdar med sjunkande IQ, ökande brottslighet av alla de slag, terrorism och därtill majoritetsbefolkningens självutplånande inställning till främlingarna. I dag får vi höra att "det finns inga raser" och att "alla människor är lika". När vi föds är vi bara tomma blad påstås det, trots att vetenskap och forskning säger motsatsen. Förr förstod man att rasen – alltså människans härkomst – betydde en hel del för hur den människan var beskaffad. Kanske kan benämningen "högtstående folk" sticka den moderna svensken i ögonen och kännas gammalmodig. Men förändras sanningshalten i orden som sådana för att vi finner dem omoderna? Har de stora folkförflyttningarna under de senaste årtiondena (då Västvärlden sakta men säkert förvandlats från i allt väsentligt homogena nationer bestående av vita människor till nationer där olika raser, stammar, grupper, religioner och folk ska samsas) - har de varit av godo eller av ondo för oss som folk? Det finns bara ett svar på den frågan.

Något annat som blir uppenbart i och med att soldatinstruktionen utgår från rasens realitet, är vad nationalism i grund och botten handlar om. I dag försöker somliga, av olika skäl, förmå oss att acceptera en "öppen svenskhet" och en nationalism som lutar sig mot kulturen. Det hela blir bakvänt. Faktum är att själva ordet "nation" betyder "att födas ur" och handlar om hereditär härkomst. Vi, det folk som i dag kallas det svenska, har bebott det vi nu kallar Sverige, vårt fädernesland, under flera tusen år. Vi är som vi är eftersom våra förfäder under historien gjort medvetna val att frambringa nya svenskar, och detta homogena folk fick därmed de bästa förutsättningar man kan tänka sig, något som lyfte Sverige till ett land som till ganska nyligen faktiskt stod som föredöme för andra nationer. Vi var ett stolt folk med självförtroende och därtill ett ödmjukt folk – ödmjukhet följer nämligen på självförtroende.

Vårt fädernesland och dess försvar är en guldgruva för den som på få sidor vill få en uppfattning om vår svenska historia och en förståelse för vilka vi är och hurdana vi är. Också detta förklaras nämligen när det svenska kynnet undersöks litet noggrannare. Vi svenskar är på ett visst sätt och vårt kynne är oss både till gagn men också en black om foten. Allt som oftast får vi höra att vi (som individer) måste lära känna oss själva för att må bra och lyckas i vardagen. Det stämmer så klart; att känna sig själv är grunden till allt. Men det tar inte slut där. Vi som individer är en del av ett folk och också detta folk har – precis som individen – en speciell personlighet och ett eget sinnelag. Att förstå sig själv och sedan sitt folk är grundläggande för var och en som vill bygga och försvara det fria Sverige.

"Vad då försvara Sverige? Varför det?" Som nationalist har du säkert fått denna fråga (eller en variant av den). Kan du med enkelhet svara på den? Om svaret är att du inte enkelt kan svara, så ska du inte känna dig ensam. Faktum är att det inte alltid är så lätt som man först kan tro att ge ett genomtänkt och sansat svar på frågan. Det är ungefär som frågorna: Vem är svensk? Vad är kärlek? De går inte heller att enkelt svara på. Faktum är att det som är självklart för oss, oftast kan vara det svåraste att sätta ord på. Men det lyckas soldatinstruktionen med. Där förklaras det klart och tydligt varför Sverige och svenskarnas ska försvaras. Detta är bara ett av många stycken som gör texten så aktuell trots att den skrevs i början av förra århundradet.

Det är lätt att tro att denna skrift främst riktar sig till militärt intresserade. Så är inte fallet. Den riktar sig till var och en som omfamnar idén om att de själva vill (och måste) ta ansvar för Sveriges framtid – att de vill försvara fäderneslandet. I dag är situationen väldigt olik den som rådde 1930.

Att Sverige i dag skulle anfallas av främmande makt är inte troligt, vilket det faktiskt var en gång i tiden (under Andra världskriget) då både Sovjet, Tyskland och de Allierade när som helst kunde se Sverige som en nödvändig bricka att erövra i det världskrig som pågick. Och när skriften kom ut hade man fortfarande Första världskriget i tydligt minne.

Efter världskrigen hamnade Sverige mitt emellan de två stormakterna under det kalla kriget. Både öst och väst insåg att Sverige hade taktisk betydelse i den norra hemisfären. Under flera årtionden fanns ett reellt hot mot vårt land.

I dag lever vi i en förändrad värld och de överhängande hoten är inte längre en imperialistisk kärnvapenmakt (även om det kan förändras vad tiden lider). Hoten mot Sverige och svenskarna kommer i dag inifrån. Som tidigare konstaterades är nationalstaten och folkhemmet Sverige utbytt mot "AB Sverige". Sverige är (har politikerna bestämt) en mångkultur med allt vad det innebär och politikernas agendor står sällan på samma sida som det svenska folkets intressen.

Det är inte föreningen Det fria Sveriges uppdrag att utbilda soldater och det är inte i något vagt hopp om det som delar av 1930 års soldatinstruktion härmed ges ut av oss. Framförallt har utgivningen två syften:

1. Att hjälpa svenskar förstå hur vi såg på oss själva förr. Det får vi veta genom att läsa äldre litteratur om och av svenskar (jodå, det finns en hel del att hämta också i utländska författ-

tares berättelser om Sverige och svenskarna). Mycket av den äldre svenska litteraturen kan vara svårtillgänglig och ofta är man hänvisad till antikvariat eller loppmarknader; men vad ska man leta efter? Genom att ge ut skrifter som denna vill vi lyfta fram texter som är till gagn för medlemmar i föreningen (och svenskar generellt naturligtvis).

Oftast behöver man inte uppfinna hjulet på nytt eftersom mycket av det som skrevs förr fortfarande är relevant. *Vårt fädernesland och dess försvar* är en sådan skrift. Särskilt viktigt anser vi det vara att ge ut en skrift som denna eftersom kärnan i den – som en gång för inte så länge sedan alltså gavs ut av dåtidens försvarsmakt – numera ifrågasätts av etablissemanget. Fosterlandskärlek, folkstamsvård, svenskar, Sverige, plikt, tro – allt detta förlöjligas eller ifrågasätts i vår tid, men för inte ens hundra år sedan var det norm. "Om ock hela världen säger du har orätt, så tro dock ditt hjärta om du har mod därtill! Den dag du förnekar dig själv är du död ..." skriver August Strindberg i *Mäster Olof* och det är sant att den som vet att hon har rätt, med lätthet parerar de hugg och slag som hon kan utsättas för av en korkad eller fientlig omvärld. När man som nationalist läser orden i soldatinstruktionen och inser vad det faktiskt är man läser, så vet man att vi svenska nationalister har rätt.

2. Att hjälpa svenskar förstå att även om vi inte är soldater så är vi en del av ett motstånd som rests mot krafter som vill vårt land och vårt folk illa (eller i vart fall mot krafter vars handlingar får negativa konsekvenser för vårt folk och vårt land). Och även om vi inte organiserar oss för att gå på offensiven mot dessa krafter och göra uppror, så skadar det inte att lära känna och inspireras av det som en gång uppfostrade Sveriges söner till krigstjänst. Speciellt de krigsmannaegenskaper som förklaras i skriften är värda att stanna upp vid och kontemplera över. Dessa egenskaper är livsnödvändiga när man befinner sig i krig vilket betyder att vi kan ha god nytta av dem också i den fred (om än ofrid) vi lever i.

Armémuseum i Stockholm har på senare tid gjort sitt bästa för att fokusera på krigets lidande och elände hellre än på den traditionella diskursen som handlade om hjältemod och stordåd. Båda skildringarna är relevanta. Krig är ett helvete, men det är också något som följt oss människor sedan begynnelsen. I slutänden är det våldet som avgör (eller den uppfattade våldskapaciteten hos motståndaren).

"Krig är blott en fortsättning på politiken med andra medel." Så skrev generalen och militärteoretikern von Clausewitz och än i dag – i vår "upplysta" tid – är det den med bäst armé som dikterar villkoren. Vi behöver inte tycka om det rent filosofiskt, men så är det.

Vi svenskar måste komma till rätta med detta faktum eftersom 200 år av fred har fått oss att tappa fotfästet. Vi är ovana vid våld och vi tror att våld aldrig är lösningen (för det har vi lärt oss på dagis och i skolan). Samtidigt löses konflikter överallt med våld och de utlänningar som kommer till vårt land vet att våld faktiskt är en del av människans natur. Numera vägrar de flesta svenskar att ta till våld, utom möjligen när det gäller självförsvar. All annan inställning till våld vore självmord i det "feministiska Sverige". Det betyder inte att vi skall söka våldet, men vi måste förstå att det finns där.

Så när vi tar del av hur våra unga svenska män en gång i tiden förberedde sig för krigets umbäranden blir det kanske lättare för oss att vänja oss vid tanken på att vara beredda till uppoffringar för det fria Sveriges skull? Vad än den moderna världen hävdar så är forntidens visdomsord ändå mer lockande: "Dulce et decorum est pro patria mori" – "Det är ljuvt och ärofullt att dö för fäderneslandet" bör såväl pojken som flickan förstå, om denna död kommer medan fäderneslandet försvaras. Hur mycket mer levande blir vi inte när vi förstår detta?

Eller varför inte våra vikingatida förfäders ord från *Eddan*: "Ovis man tror sig alltid skola leva, om för vapenskifte han sig aktar, men ålderdomen giver honom ingen frid, fast honom spjuten spara."

För Karl XII var krigets vedermödor (ja, också hans egna) "lappri, lappri" eftersom han och hans soldater utkämpade kriget för Gud och nation. Ja, till och med i Bibeln står det att läsa att det finns en "tid för krig".

Det är ofrånkomligen så att den som vill ha fred måste förbereda sig på krig och det kommer alltid att finnas krigsmän i ditt land; dina egna eller andras.

För oss som bestämt oss för att bygga det fria Sverige handlar det om vilken installning vi ska ha. Ska vi vara mentalt förberedda så som den svenska soldaten 1930 var, eller ska vi leva i en fantasivärld och bli överrumplade?

Efter att ha läst och förstått *Vårt fädernesland och dess försvar* så vet du i alla fall varför Sverige måste försvaras och att vi svenskar finns för att våra förfäder faktiskt försvarade vårt land genom historiens lopp. Vad som sker härnäst beror på oss.

"Sven Dufva", teckning av Albert Edelfelt ur "Fänrik Ståls sägner" av Johan Ludvig Runeberg.

Vårt fädernesland
och dess försvar

I

Vårt fädernesland

Inom det område, vilket nu bildar Sveriges rike, har sedan urminnes tider bott samma nordiska folkstam.

Den nordiska folkstammen har vuxit fram ur de flockar av urfolk, vilka efter den stora landisens avsmältning småningom togo den skandinaviska halvön i besittning.

De spridda stammarna i vårt land sammansvetsades med tiderna i småriken, våra landskap. Slutligen sammanslötos dessa till ett rike, vilket, sedan det småningom fått sina naturliga gränser, blivit en fast enhet, det nuvarande Sverige. De olika landskapen, fordom åtskilda av obygder, hava emellertid allt intill våra dagar bevarat en viss särprägel.

Fornfynd i Sverige av främmande mynt, smycken m.m. och fynd utom Sveriges gränser av bland annat svenska flintarbeten visa, att vårt land varit känt och stått i förbindelse med främmande folk sedan årtusenden. Svenskarnas namn omtalas första gången av den romerska historieskrivaren Tacitus omkring hundra år efter Kristi födelse. Han säger, att "svionerna" (svearna) äro mäktiga genom folkrikedom, vapen och flottor.

Under vikingatiden (omkring år 800-1 000 e. Kr.) satte sig de nordiska folken i rörelse. De, som bodde i västra Skandinavien, foro västerut. Svear, östgötar, gutar m.fl. riktade sina färder företrädesvis i österled.

Svear grundade under sin hövding Rurik det ryska riket. Ryssland betyder Rus'land, och med rus avsågs svenskarna (jfr Roslagen). Av isländarna benämndes Ryssland Stor-Svithiod (Stor-Sverige).

Under medeltiden lade svenskarna Finland under sitt välde. Därmed bragtes detta land innanför den västerländska odlingens råmärken.

Under vår stormaktstid satte det svenska folket för lång tid en damm för moskoviternas framträngande västerut. Genom vårt folks ingripande i trettioåriga kriget gjordes en ny kulturinsats. Rätten att tänka fritt bevarades åt den protestantiska världen, och kejsaren i Tyskland hindrades att göra sig till herre i Östersjön.

Även på andra än nu berörda sätt har den svenska folkstammen gjort sig gällande. Vi behöva blott tänka på världsberömda svenska vetenskapsmän såsom Carl von Linne, "blomsterkonungen", Jöns Jakob Berzelius och Carl Wilhelm Scheele, de framstående kemisterna, eller John Ericsson, den store uppfinnaren. Svenska författare såsom August Strindberg och Selma Lagerlöf läses över hela världen. Den ställning, som svensk företagsamhet, svensk organisationsförmåga och svenskt arbete skapat på världsmarknaden åt våra exportartiklar, är allmänt bekant. Våra idrottsbragder i tävlan med andra nationer hava även bidragit till att göra det svenska namnet känt över hela världen.

Det bästa beviset på den svenska folkstammens goda kraft är dock, att vi kunnat utföra, det vi gjort, trots alla de svårigheter, som följa av naturens karghet och det jämförelsevis av skilda geografiska läget.

Å andra sidan hava just dessa förhållanden alstrat mannakraft och ihärdighet samt hindrat oss att försjunka i dådlöshet. Det är i folkets rasegenskaper, som vår förmåga och kraft ytterst bottna.

För en nation är bevarandet av rasens goda egenskaper av utomordentlig betydelse i den ständigt fortgående tävlingskampen mellan folken. Nationens kraft, välstånd och kultur bero därav. Därför utgör blandning med en icke likvärdig ras en av de största farorna för ett högtstående folk. Det kan betyda kulturell och ekonomisk tillbakagång. Rysslands och Balkanhalvöns folk hava exempelvis i betydlig grad varit utsatta för ogynnsam rasblandning, vilket i sin mån kan förklara dessa områdens efterblivenhet.

Ett gott folkmaterial är vårt lands största rikedom. En livskraftig och viljestark ungdom är främsta betingelsen för vårt folks framtida bestånd.

Folk och land höra nära samman. Ju längre ett folk lever i sitt land, desto fastare knytes bandet. Ur folkets och landets kynne växer under tidernas lopp fram den egenart i samhällsliv och kultur, som är folkets särmärke. Denna egenart är folkets dyrbaraste arvedel. Det är genom dess bevarande och fria utvecklande, som folket bäst förmår göra sin insats i den allmänna utvecklingen. Fördenskull måste vår frihet och självständighet värnas.

I dikten "Sverige" har Verner von Heiden-
stam givit ett rätt och vackert uttryck för den
sanna fosterlandskärleken.

Sverige, Sverige, Sverige, fosterland,
vår längtans bygd, vårt hem på jorden!
Nu spela skällorna, där härar lysts av brand,
och dåd blev saga, men med hand vid hand
svär än ditt folk som förr de gamla trohetsorden.

Fall julesnö och susa djupa mo!
Brinn österstjärna genom junikvällen!
Sverige, moder! Bliv vår strid, vår ro,
du land, där våra barn en gång få bo
och våra fäder sova under kyrkohällen.

Vår försvarsplikt

Det är vår oavvisliga plikt att försvara vårt fä-
dernesland, så att vi kunna lämna det i arv åt
våra efterkommande lika fritt och starkt, som vi
mottog det av våra fäder.

Vi hava icke endast rättigheter att kräva, utan
även skyldigheter att uppfylla. Den enskilde
måste sätta sina egna intressen efter folkets och
fäderneslandets. Även hans välgång beror ytterst
därav, ty det helas olycka drager med sig hans
egen.

Den medvetna gemensamhetens anda, som är förutsättningen för att ett folk skall kunna bestå i kampen för tillvaron, växer långsamt fram jämsides med samhällets och kulturens utveckling. Den enskildes känsla av gemenskap och ansvar förmår till en början blott omfatta familjen och släkten. Den grundlägges alltjämt i känslan för familj och hem. Småningom utvecklas kärleken och offerviljan för familjen vidare, först till stammen och hembygden och slutligen till fäderneslandet och dess minnen, till folkets nu levande och kommande släkten. Blott på denna väg, genom en ansvarsmedveten, stark och offervillig fosterlandskärlek, kan gemensamhetsbanden utvecklas vidare och folkförbrödring småningom bliva verklighet.

Vårt land utgör, liksom, flertalet andra länder, en fri och självständig stat. Denna stats uppgift är att gagna folket, stärka de sunda krafterna, motverka de onda samt utåt och inåt trygga friheten och kulturen. Konungen är statens och fäderneslandets främste representant. Att vara Konungen huld och trogen är att vara trogen mot fäderneslandet. Statens organ för försvaret mot väpnade fiender är rikets krigsmakt. Utan en försvarsorganisation är det icke möjligt att i krig utnyttja folkets kraft till landets försvar.

Försvarets styrka beror i väsentlig grad av den gemensamma viljan att hålla ut och segra. Dock är detta icke nog. För landets försvar kräves odling.

Strängt och plikttroget arbete i fred är nödvändigt för att vi med tillförsikt skola kunna taga upp kampen mot rikets fiender.

Det är icke nog med att varje enskild man är utbildad i vapnens bruk. Krig föres nämligen ej med enskilda soldater utan med truppförband, genom övning sammansvetsade till smidiga, disciplinerade enheter. Även truppförbanden som sådana måste utbildas.

Varje svensk man är värnpliktig.

I en kamp som gäller folkets frihet och självständighet, måste alla nationens krafter kunna tagas i försvarets tjänst. Denna historiska erfarenhet har ytterligare bekräftats genom världskriget.

Ändamålet med den militära utbildningen är att andligt och kroppsligt stärka och utveckla de enskilda individerna, samtidigt som de bibringas erforderliga militära färdigheter. Viljekraftens träning utgör en väsentlig del av utbildningen.

Den militära utbildningen avser även att befrämja danandet av goda samhällsmedlemmar samt vidare att skapa betingelser för en god hälsa och uthållighet under det kommande arbetet i fredens värv.

Danandet av ett starkt, sunt folk är målet för allt fosterländskt arbete.

Vårt folks kynne

Det har blivit sagt om svenskarna, att de äro "ett styvsint och för storverk fallet folk". Vårt folks historia från äldsta tider ända fram till våra dagar lämnar ock många vittnesbörd om den svenska folkstammens vidsynthet, dådkraft och viljestyrka.

En annan egenskap, som utmärker svenskarna, är organisationsförmåga. Den förklarar till stor del den fasthet och stadga, vilka genom tiderna utmärkt vårt samhällsskick. Vi äro icke fallna för omstörtningar. I samband med organisationsförmågan står svenskens förmåga att befalla utan översitteri och underordna sig utan åsidosättande av personlig värdighet.

En stark rättskänsla har av ålder känneteck-nat vårt folk. Ärlighet, aktning för andras rätt och ridderlighet äro gamla svenskmannadygder.

Med styvsintheten och rättskänslan samman-hänger den svenska frihetskärleken. Akta vi an-dras rätt och frihet, så fordra vi också, att icke bliva kränkta. Folkets och fäderneslandets frihet hava visserligen understundom bragts i fara, då våra fel givits fritt spelrum. Men till sist har det dock alltid visat sig, att vi anse friheten som vårt högsta goda och satt dess bevarande före allt annat.

I krig och fara hava svenskarna visat mod, ståndaktighet och offervilja. Under svåra förhållanden hava våra förfäder varit mäktiga tyst försakelse och självuppoffring. Dessa egenskaper hava spårats icke blott hos dem, som kämpat under fanorna i fält, utan lika fullt hos dem, vilka hemma tåligt burit bördorna, trogna i sin dagliga gärning.

En avigsida i vårt folklynne är ett visst sorglöst lättsinne. Det förleder oss att njuta stundens goda utan att tänka på framtiden, att alltför ofta tänka på egen fördel och visa liknöjdhet för det allmännas väl. Det förleder oss också ibland till hastiga, mindre väl grundade beslut ävensom till överilade handlingar. Detta utgör en motsats till det stadiga i folklynnet. Vi äro "ett trögt folk, fullt av hetsigheter". Bland våra största fel märkes även den ofta förekommande inbördes avunden. Detta fel har jämte sorglösheten mer än en gång dragit olyckor över oss.

Klar insikt om våra fel är första förutsättningen, för att vi skola kunna övervinna dem.

II

Vårt försvar genom tiderna

Hårt hava våra fäder måst arbeta och kämpa för att bygga upp och bevara vårt land. Segrande hava de gått ur striden, då de under en stark och målmedveten ledning, enigt kämpat sida vid sida med en fast vilja att göra sitt bästa. Illa har det gått, då ledningen brustit och mannens och soldatens dygder förgätits.

Forntiden och medeltiden
I forntidens Sverige var, liksom i hela det övriga germanska Europa, varje man krigare, övad i vapnens bruk.

Folkuppbådet omfattade alla män, som kunde bruka vapen. Övergången till krigsfot (mobiliseringen) var välordnad och kunde ske snabbt. Varje man höll sig själv med vapen, utrustning och förplägnad.

De oroliga tiderna krävde också hög krigsberedskap. Vårdkasar, vilka tändes, då fienden närmade sig, och budkavlar spred snabbt "mobiliseringsordern". Det sålunda uppbådade folket inställde sig på utsedda samlingsplatser. För krigsföretag över havet fanns under den äldre medeltiden ledungsorganisationen, vari blott en del av de värnpliktiga ingingo.

Försvarsordning och samhällsordning voro nära förbundna med varandra.

Häradets folk bildade i folkuppbådet ofta en enhet eller lämnade i vissa fall vid ledung en bestämd del av styrkan. Denna enhet har sannolikt även utgjort det förband, i vilket man stred. Organisation och stridssätt (taktik) stod sålunda i överensstämmelse med varandra.

Härordningen var även väl avpassad efter det rådande läget. Det hade visat sig svårt att skydda de egna kusterna gentemot de österut boende folkens härjningståg.

Ledungens uppgift torde åtminstone i senare tid i avsevärd grad hava varit att genom företag mot fiendens områden stäcka dennes anfallslust. Det var i samband med dylika företag som Finland knöts till det svenska väldet.

För hembygdens omedelbara försvar, landvärnet, uppställdes folkuppbådet. Under senare hälften av medeltiden störtades vårt nationella konungadöme på grund av söndringen inom riket.

De från främmande land kommande regenternas herravälde över vårt land blev dock av kort varaktighet. Oaktat deras störtande nådde vi emellertid icke åter nationell frihet, ty icke nationellt kännande män utnyttjade för sina syften vårt folks önskan att leva i fred med grannarna. Under Kalmarunionen (föreningen mellan Danmark-Sverige-Norge) fingo vi snart erfara sanningen av våra fornnordiska förfäders ordstäv: "Rätt sitter i spjutstångs ända".

Unionskonungarna kränkte nämligen den författning, de med sin ed besvurit att upprätthålla i vårt land, och behandlade oss som ett liveget folk. Skoningslöst utpressades dryga skatter av danska fogdar, vilka hårt förtryckte vår allmoge.

Vår frihetskärlek och vår rättskänsla väcktes. Under Engelbrekt Engelbrektssons kraftfulla ledning enades åter vårt folk. Den svenska nationalkänslan och offerviljan för fäderneslandet föddes. Det var under denna tid, fosterlandsvännen biskop Tomas skrev sin berömda frihetssång, som börjar sålunda.

Frihet är det bästa ting,
som sökas kan all världen kring,
den frihet väl kan bära.

Vill Du Dig själver vara huld,
Du älske frihet mer än guld,
ty frihet följer ära.

I spetsen för bondehären drev Engelbrekt de danska fogdarna ur landet och nedbröt deras fasta borgar. Folkledaren föll för en svensk avundsman. Men den vilja till eget, fritt liv, som han ingjutit i vårt folk, skulle i tidens fullbordan krönas med seger.

Hela den återstående delen av medeltiden kännetecknades av vårt lands försök att bryta sig ut ur den danska unionen. Tidvis lyckades detta för oss, såsom under Karl Knutsson, vår ende infödde konung under den yngre medeltiden, och under de tre riksföreståndarna av Sturesläkten. Men icke minst till följd av vår inre splittring fingo danskarna möjligheter att återvinna, vad de förlorat. Mörkare har aldrig vårt läge tett sig, och aldrig har svenskt liv varit närmare att helt utsläckas än efter Sten Sture den yngres död, då Kristian II år 1520 med utgångspunkt från Stockholm red sin blodiga Eriksgata genom Sveriges rike. Allt motstånd syntes förkvävt. Och för att ett sådant aldrig mer skulle kunna resas, gick konungens bud till rikets allmoge att avlämna sina från far till son nedärvda vapen. Sveriges folk skulle avrustas! I nödens bittraste timma framträdde den man, som efter seg och oavlåtlig kamp bröt sönder våra fjättrar. Den unge Gustaf Eriksson Vasa, stödd på den svenska folkstam,

som var kärnan i allt motstånd mot det danska
väldet, dalkarlarna, samlade vårt folk till en sista förtvivlad ansträngning. Den kröntes slutligen med seger. Från denna tid har vår genom Gustaf Vasas befrielseverk återvunna frihet bestått.

Äldre vasatiden

Sedan det nationella konungadömet återuppstått och i anslutning därtill reformationen genomförts, började Gustaf I bygga upp vårt rike till en fast enhet. Rätt snar' framträdde de drag i vårt läge, som, redan tidigare spårade, skulle sätta sin prägel på utvecklingen för långa tider. Detta läge kännetecknades främst aven front i väster och en i öster, först med Danmark och sedan med Ryssland som huvudfiende.

Försvaret av den långa landgräns, vi hade mot Danmark, vilket land var förenat med Norge och dessutom ännu ägde Skåne, Halland, Blekinge, Jämtland m. m., ställde stora fordringar på vår härs styrka och duglighet. Den östra grannens opålitlighet skärpte dessa krav. För att till sjöss vara motståndaren vuxen behövdes en stark flotta.

Den gamla bondehären var icke mer tillfyllest som fälthär. Eldvapnen hade tillkommit, och för att de på bästa sätt skulle kunna utnyttjas i striden krävdes, att trupperna övades grundligare än förut. Det var icke längre nog att som förr sammanfoga truppförbanden först då fara hotade. I det övriga Europa, där vid denna tid den allmänna värnplikten i regel försvunnit, anskaffades krigsfolket genom värvning. Detta sätt var dyrt och tilltalade därför icke den sparsamme Gustaf Vasa. De ständiga landskapsfänikor, han uppsatte, erhöllos i stället genom utskrivning, dvs. genom utväljande av krigsfolk till ett antal, som stod i ett visst bestämt förhållande till folkmängden. Den betydelse, häradet haft i bondehären, återspeglades däri, att utskrivningen allt framgent verkställdes häradsvis.

Förfaringssättet grundade sig på den allmänna värnplikten, vilken dessutom bibehölls för folkuppbådet. Rytteriet rekryterades främst på frivillighetens väg.

Intet annat land kan uppvisa motstycke till den utveckling, vår krigsmakt genomgått sedan Gustaf I:s dagar. Från hans landskapsfänikor härstamma våra fotfolksregementen och från hans landskapsfanor våra rytteriegementen. I det "arkli", han upprättade, har vårt nuvarande artilleri sina rötter. Likaså är han upphovsman till vår nationella örlogsflotta. Grunden till den nya härordningen lades vid 1544 års riksdag, då uppsättandet av ständiga truppförbandbeslöts. Den svenska taktiken och beväpningen hade dock ännu icke nått den ståndpunkt, som tiden krävde. Vi stod o kvar på den medeltida taktikens ståndpunkt. Det gällde att anpassa stridssätt och organisation med hänsyn till de nya stridsmedel, eldvapnen utgjorde. Dessa voro ännu så ofullkomliga, att truppförbanden icke uteslutande kunde beväpnas med dylika. De svenska truppförbanden under Gustaf I:s tid voro huvudsakligen utrustade med skjutvapen, varav en stor del t. o. m. utgjordes av stålbågar. De blanka vapnen svarade ej heller mot tidens krav. Särskilt anfallskraften blev därför otillräcklig, då avsevärda delar av för banden ännu icke utrustats med lämpliga blanka vapen. Och utan anfall kunde då liksom nu icke någon slutlig seger vinnas.

Efter sitt trontillträde arbetade Erik XIV energiskt på härens och flottans stärkande, medveten om, att kriget mot Danmark icke skulle dröja. Han beväpnade en stor del av fänikans folk med pikar (långa lansar) och införde ett stridssätt, vilket byggde på samverkan mellan de olika infanterivapnen, pik och musköt. Samverkan mellan olika vapen var då liksom i våra dagar nödvändig för framgång. Även åt kavalleriet, artilleriet, befästningskonsten, ersättningsväsendet och förplägnadstjänsten ägnade konung Erik stor uppmärksamhet.

Då kriget utbröt 1563, var emellertid det härorganisatoriska arbetet icke avslutat. Ledningen måste därför söka att försvarsvis avvärja anfallet. Vid sidan av den stående armen stred landvärnet på sitt hävdvunna sätt bakom "bråtar" i skogarna, ständigt oroande fienden genom anfall i hans rygg och flanker. Vår svenska terräng var oss till stor fördel.

Först efter två år hade den svenska fälthären nått en sådan ståndpunkt, att den kunde ställas mot fiendens yrkestrupper.

I slaget vid Axtorna visade sig det svenska infanteriet vara i stånd till ett kraftigt anfall i fast sammanslutna förband. Ledningen visade sig dock icke vara vuxen sin uppgift. Segern gick oss ur händerna.

Det starka missnöje, konung Eriks styrelse uppväckt, tog sig slutligen uttryck i öppet uppror mitt under kriget.

Detta försvagade vår kraft. De upproriska försmådde icke ens att utnyttja krigsfolkets motvilja mot den tunga beväpning, konungen infört, mot den trägna exercis och den stränga manstukt, han fordrat. Det sätt, på vilket de undergrävt den svenska härens disciplin, blev inled-

ningen till en försvarets förfallotid under Johan
III och Sigismund.

Konung Sigismund, som utom Sveriges även
bar Polens krona, hade, då han sökt återinföra
den katolska läran och kränka vår frihet, blivit
avsatt i Sverige och därför upptagit en oförsonlig
strid mot sitt gamla fosterland. Under kriget mot
Polen fick Sveriges folk blodigt och bittert erfa-
ra följderna av krigsmaktens förfall. Trots alla
ansträngningar att snabbt åter höja den svens-
ka härens duglighet, möttes Karl IX i Livland av
svåra motgångar. Sålunda led han ett nederlag
vid Kirkholm år 1605. Här stodo dock nära 11
000 svenskar mot endast 3 500 polacker. Nära
hälften av den svenska hären stannade på val-
platsen.

Sigismund sökte, samtidigt som han strävade
efter att återvinna den svenska kronan, genom
att begagna sig av de förvirrade förhållandena
i Ryssland förena detta rike med sitt. En sådan
förening av våra fiender skulle inneburit en ödes-
diger fara för Sverige. Karl IX ingrep därför i de
ryska striderna, vilket ledde till krig mot Ryss-
lands härskare.

I detta läge, än svårare genom den svenska
krigsmaktens svaghet, anföll även Danmark.
Ensamt kunde detta land icke underkuva den av

Gustaf I grundmurade svenska staten. Danmark var dock vid denna tid fortfarande den farligaste fienden.

Yngre vasatiden

Gustaf II Adolf ärvde sålunda efter sin fader, Karl IX, tre krig. Under det danska kriget framträdde åter försvarsväsendets brister. På betungande villkor måste vi köpa oss fred med Danmark. Därigenom lösgjordes dock trupper för kriget i öster. Inre splittring förlamade Polens kraft, varför våra vapen kunde riktas enbart mot Ryssland. Dess inre svaghet och frånvaron aven slagfärdig rysk här gjorde, att vi kunde tilltvinga oss en fördelaktig fred. Ingermanland och Kexholms län lades under svenskt välde.

Från Polen erövrades senare Livland. Den gräns, som sålunda skapats, utgör den dag som i dag är i stort sett råmärket mellan Västeuropa och Ryssland, sedan genom världskrigets följder Finland och våra forna baltiska provinser kunnat bilda självständiga stater. I denna fördelaktiga gräns ingick sjön Ladoga. Det var om denna, som Gustaf Adolf sade: "Och förhoppas jag till Gud, att det skall bliva ryssen svårt över den bäcken att hoppa". På norra stranden av Ladoga restes också en ännu i dag kvarstående gränssten, på vilken läses: "Här satte svenskarnas konung sitt rikes gränser; må en nådig försyn bevara hans verk".

Sedan lugn vunnits i öster, påbörjade Gustaf Adolf ett intensivt arbete på krigsmaktens stärkande för att bota de brister, varav man under krigen haft så svår känning. En stark, välövad och strängt disciplinerad här och en aktningsbjudande flotta växte upp. De flesta av våra regementen skapades nu ur de landskaps fänikor och ryttarfanor, Gustaf Vasa uppsatt. Sambandet med det förgångna bevarades, landskap och truppförband kommo alltfort att vara knutna vid varandra. Den inhemska utskrivna hären blev försvarets fasta grundval, men vid sidan av den användes även under krigen utländska värvade legotrupper, tyska, skotska och andra. Det var emellertid icke endast åt rytteri och fotfolk, som arbetet ägnades.

Även artilleriet förbättrades. Särskilt bekant är införandet av s.k. regementsstycken för att direkt samverka med infanteriet.

Sverige blev tack vare den store konungens verksamhet i stånd icke blott att avvärja den fara, som under tiden närmat sig, utan också att göra en gagnande insats i världshistorien genom att förhindra katolikerna att till förfång för den andliga friheten åter utbreda sin lära över de delar av Europa, vilka blivit protestantiska.

Ute i Europa rasade kriget mellan katoliker och protestanter. Den katolske kejsaren hade besegrat de tyska protestanterna och det till deras hjälp ingripande Danmark. Han vände därefter sina blickar mot Östersjön och Sverige. Faran för vårt land var stor. Men Gustaf Adolf förstod, vad läget krävde, och hade mod att handla. Klart inseende fördelen av att icke avvakta anfallet och släppa fienden inpå sig, att icke låta honom sätta sig fast vid Östersjöns kust och där uppbygga en stark flotta, fattade han med svenska folket bakom sig det djärva och vidsynta beslutet att med en svensk arme gå över till Tyskland. "Så framt vi möta fienden uti en annans land, så sitta våra hustrur och barn i säkerhet, och synes därför rådligt, att man söker upp fienden och hjälper konungen av Danmark", yttrade en av Gustaf Adolfs rådgivare. En annan rådgivare – Johan Skytte – röstade för kriget, emedan "vi icke på annat sätt kunna vinna vårt syftemål, freden".

Även våra fäder såga i kriget ett ont. Blott av tvång och med tungt hjärta beslöto de sig i de bistra tiderna för krig. Härom finnas många vittnesbörd. Bland annat hava Gustaf II Adolf och rikskanslern Axel Oxenstierna, ställda inför nödvändigheten att ingripa i det tyska kriget, givit starka uttryck åt sådana känslor.

Sedan trygghet i öster vunnits genom stilleståndet med Polen och samförstånd vunnits med Danmark, överfördes den svenska hären till Tyskland i skydd av de samverkande svenska och danska flottorna, vilka behärskade Östersjön.

Gustaf Adolfs första företag efter landstigningen avsågo att skaffa en tillräckligt vid och tryggad bas. Konungen strävade därvid att komma i besittning av flodlinjerna. På dessa kunde nämligen tillförsel tjänsten lättast ske. Då baseringen efter ett år var tillfredsställande, igångsattes framryckningen söderut.

Sedan Gustaf Adolf förenat sig med den sachsiska armen, fann han stunden vara inne att söka avgörandet med de katolskas befälhavare, Tilly. Den 7 september 1631 drabbade motståndarna samman vid Breitenfeld. På den protestantiska sidan grupperades den svenska hären till höger, den sachsiska till vänster. Vid det första anfallet av Tillys krigsvana veteraner sprängdes emellertid sachsarnas nyuppsatta, föga övade och aven fast disciplin ännu icke genomträngda trupper, och svenskarna fingo ensamma möta övermakten. Deras disciplin och utbildning, mod och uthållighet bestodo dock provet. Högra flygeln under konungens befäl besegrade Pappenheims ryttare och stormade den höjd, där Tillys artilleri var uppställt. Detta erövrades och vändes därefter mot fiendens infanterimassor, under vilkas tryck den svenska vänstra flygelns tunna linjer sviktade. Anfallets kraft bröts omsider och svenskarna övergingo till motanfall. Endast det inbrytande mörkret, som hindrade förföljning, räddade Tillys här från att helt krossas.

Segern vid Breitenfeld liksom många av våra stora framgångar på slagfälten visar, att det icke är truppernas antal, som i krig i främsta rummet fäller utslaget, utan fastmera deras inre värde.

Segern vid Breitenfeld hade öppnat vägen mot söder. Småningom fortsattes operationerna ock så ned i Sydtyskland. En katolsk arme hade tagit ställning bakom Lech. Svenska armen gick över floden och undandrev fienden. Tilly blev härunder dödligt sårad. Efter hans död blev den kejserliga fältherren Wallenstein den farligaste motståndaren. Denne intog en befäst ställning väster om Nürnberg. Gustaf Adolf försökte förgäves att storma de nordligaste lägerbefästningarna kring Alte Veste. Utan att ett avgörande fallit, nödgades de båda fältherrarna på grund av förplägnadssvårigheter lämna sina läger vid och väster om Nürnberg. Snart drogo sig emellertid de kejserliga norrut. Den svenska armen följde efter.

Gustaf II Adolf försökte nu genom slag krossa Wallenstein, som oförsiktigt splittrat sin arme. I den strid, som sålunda uppstod vid Lützen den 6 november 1632, stupade den store konungen i spetsen för Smålands ryttare. Men de svenska truppernas mod nedslogs icke därav. Efter upprepade anfall stannade också segern slutligen i våra händer.

Kriget fortsattes under rikskanslern Axel Oxenstiernas ledning. Nationens alla krafter spändes i seg uthållighet.

År 1636 var svenskarnas läge i Tyskland mycket svårt. För den svenske fältherren Johan Banér stod det klart, att en omsvängning till det bättre blott kunde vinnas genom ett fältslag. Den svenska anfallsoperationen ledde till slaget vid Wittstock den 24 september nämnda år. Banér hade 16 000 man, de kejserliga 22 000.

De kejserliga hade intagit en med fältbefästningar förstärkt ställning på en höjd.

I fronten var den svår att anfalla. Banér beslöt fördenskull att taga en höjd i fiendens vänstra flank och där ifrån ansätta anfallet. Samtidigt skulle en annan del av armen kringgå fiendens högra flygel och anfalla från det hållet. Fienden skulle omfattas och förintas. Planen var djärv, men Banér litade på sina trupper och på sig själv.

Givetvis kunde fienden icke likgiltigt åse, hur den svenska högra artilleriflygeln under Lennart Torstenson satte sig i besittning av den förut omnämnda höjden i hans vänstra flank. Med övermakt kastade sig de kejserliga över de svenska trupperna. En häftig strid utspann sig – och svenskarnas kringgående vänstra flygel hördes icke av.

Segern syntes nära att gå svenskarna ur händerna, men det oaktat sviktade icke den svenske fältherrens viljekraft och förtröstan, ej heller hans truppers mod, offervilja och uthållighet. Och belöningen uteblev icke. I fiendens rygg dånade äntligen svensk lösen, som för Banér gav tillkänna, att den vänstra flygeln var färdig till anfall. Fiendens arme revs upp, tusentals fångar togas. Operationens mål, en omsvängning av läget till det bättre, var vunnet.

Senare vann Lennart Torstenson segrarna vid Jankowitz och Leipzig. Omsider slöts slutligen fred, sedan de svenska arméerna stormat den s. k. Lilla sidan av Prag och hotat kejsarens huvudstad, Wien. I westfaliska freden år 1648 fick Sverige en rad besittningar i norra Tyskland. Den förnämsta vinsten av vårt ingripande i det tretti-

oåriga kriget var dock, att vi räddat tankefrihe-
ten åt oss själva och våra bundsförvanter.

Karolinska tiden
Danmark hade icke med blida ögon sett våra
framgångar och vår växande makt. Under senare
delen av trettioåriga kriget hade danskarna gjort
oss all den förtret, de kunnat. Slutligen måste vi
med vapenmakt skaffa oss lugn på det hållet.
Följden blev, att Sverige i freden i Brömsebro
bland annat erhöll Gotland, Jämtland och Härje-
dalen samt Halland på trettio år. Senare anföllos
vi av Danmark under Karl X Gustafs polska och
ryska krig. Trots segern vid Warszawa år 1656
var svenskarnas ställning i Polen bekymmersam,
då det danska angreppet kom. Karl Gustaf fatta-
de emellertid beslutet att anfalla Danmark. Detta
genomfördes med utomordentlig snabbhet. Över
de svenska besittningarna i Tyskland marschera-
de konungen från Polen och bröt in i Jutland.
Över det tillfrusna havet verkställdes därefter,
visserligen efter grundliga rekognoseringar och
ansvarsmedvetet övervägande, med en djärv-
het utan like tåget över Bälten år 1658. Freden
i Roskilde framtvangs. Danskarna måste avstå
från landskapen på det svenska fastlandet m. m.
Den oss närstående och befryndade befolkning-

en i dessa landskap växte snart organiskt och fast samman med det svenska väldet. De naturliga gränser, vårt land erhöll, hava vi också sedan dess kunnat försvara.

Den sorglöshet, som utgör ett av våra nationalfel, framträdde efter Karl X Gustafs död. Icke minst vanvårdades försvaret av den förmyndarregering, som under konung Karl XI:s minderårighet skötte rikets styrelse. Danmark gjorde också ett försök att återtaga, vad det tidigare förlorat. Mot Karl XI:s och hans truppers tapperhet och ståndaktighet misslyckades dock detta. Det blodiga slaget vid Lund år 1676 kan sägas hava räddat de naturliga gränser, vi så nyligen lyckats tillkämpa oss.

Efter kriget inledde Karl XI ett omfattande arbete på försvarets omgestaltning och återuppbyggande. Den härordning. han genomförde, har benämnts indelningsverket. Varje län åtog sig mot befrielse från utskrivning att självt uppsätta och i fred som krig vid full styrka vidmakthålla de sedan gammalt där rekryterade fotfolks och rytteriregementena. Soldaten avlönades på så sätt, att han fick ett torp att bruka. Rotad i den svenska jorden, fick organisationen en utomordentlig fasthet. I över två hundra år bestod den i stort sett orubbad. Denna organisations största svaghet, som tydligt skulle framträda under Karl XII:s tid liksom även senare, var, att den vid ofred icke kunde utvecklas utöver fredsstyrkan, då läget så fordrade. Krigets erfarenheter, alltid svåra att rätt bedöma, hade misstytts. Den allmänna värnpliktens grundsats hade övergivits. Man förbisåg, att det var den, som givit oss den sega kraften att bestå krigens prövningar. Landvärnsplikten upphävdes dock icke. Men plikten för varje vapenför man att värna sitt land skymdes i varje fall undan, tills den under 1800-talet småningom åter väcktes till liv.

Även flottan återuppbyggdes av Karl XI. Det var den, som genom sin verksamhet skulle trygga vägarna över havet och överskeppningen av de arméer, vilka skulle försvara våra "utanverk".

Åt det fasta försvaret, fästningarna, som på den tiden spelade en särskilt framträdande roll i krigföringen, ägnade konungen stor uppmärksamhet. Han biträddes i detta arbete av den framstående fästningsbyggaren, generalkvartermästaren Erik Dahlberg.

Efter Karl XII:s tronbestigning blevo vi år 1700, trots de ivrigaste vänskapsförsäkringar, lömskt överfallna av Ryssland, Danmark och Polen, vilket senare lands konung som kurfurste av Sachsen jämväl förfogade över detta rikes krafter. Men konung Karl och hans män voro vuxna lägets krav. Den svenska ledningen beslöt att först söka betvinga Danmark genom att mot detta land samla de mobiliserade stridskrafterna och under skydd av örlogsflottan, förstärkt aven engelskholländsk eskader, gå över till Själland. Härens samling utfördes i enlighet med de planer, Karl XI för detta ändamål låtit utarbeta. De voro för sin tid enastående. Dessa till våra dagar bevarade planer visa, att det då på samma sätt som nu för tiden var i detalj bestämt, vart trupperna skulle förflyttas i olika krigsfall, vilka vägar, som skulle användas, och tidpunkten, då truppförbanden skulle inträffa på bestämd plats.

Som avsett var utfördes en landstigning på Själlands kust vid Humlebaek.

Försvararens trupper kastades undan. Inför hotet från den landstigande svenska armen föll Danmark till föga. Sedan Danmark satts ur spelet, samlades krafterna i en ny riktning, österut.

Avsikten var till en början att gå mot sachsarnas väl övade arme, som hotade Riga.

Ryssarna under tsar Peter I hade emellertid oväntat och överraskande infallit i Ingermanland och börjat belägra den befästa staden Narva. Då den största faran för tillfället syntes hota här, beslöt konung Karl att först angripa ryssarna.

Efter ansträngande marscher på dåliga vägar och under svåra förplägnadsförhållanden stod Karl XII med 10 000 man svenska och finska väl övade och disciplinerade trupper utanför Narva. Ryssarna hade förskansat sig bakom palissader och vallar samt bestyckat dessa med grovt artilleri. De räknade 35 000 man, bland vilka dock endast ett fåtal regementen kunde mäta sig med svenskarna i fråga om utbildning och disciplin. Den 20 november 1700 gingo svenskarna till anfall. Fotfolket trängde in över och genom bröt befästningarna. De ryska linjerna rullades därefter upp åt höger och åt vänster. En stor del av den ryska hären sökte sin räddning i flykten och återstoden gav sig efter en het strid till fånga. Svenskarna erövrade hela det ryska lägret, staden var räddad och en glänsande seger vunnen.

Efter segern vid Narva vände sig Karl XII år 1701 mot Polen-Sachsen. Bakom floden Düna hade den sachsiska armen tagit ställning. Genom ett anfall i samband med ett väl planlagt och utfört överskeppningsföretag tvangs fienden till flykt. Följande år vanns segern vid Kliszov.

Den svenska fälthärens framryckning hade fortsatts in i Polen. Karl XII hade därvid att räkna med både den sachsiska armen och den polska kronarmen som motståndare. Dessa hade dock ännu icke förenats. Men så var icke heller fallet med svenskarnas på skilda vägar marscherande kolonner, då man i början av juli närmade sig den överlägsna sachsiska armen, som tagit ställning vid Kliszov. Möjligheten att slå denna, innan den förenats med kronarmen. ville Karl XII dock icke låta sig gå ur händerna. Då ingångna underrättelser emellertid tydde på, att en av de andra häravdelningarna dessförinnan borde hinna förena sig med konungens egen, beslöt denne, att anfallet skulle uppskjutas i avvaktan härpå. Det oaktat skulle den svenska armen bliva underlägsen i styrka.

Spaningen utvisade, att ett icke vadbart vattendrag rann framför den sachsiska med fältbefästningar förstärkta ställningens front, varjämte den vänstra flanken skyddades aven flod.

Karl XII:s stridsplan gick därför ut på ett anfall mot den sachsiska högra flygeln med hela armen. Trots underlägsenhet i antal skulle svenskarna därigenom bliva överlägsna på den avgörande punkten.

Konungen räknade med, att sachsarna, sedan de vid svenska armens anmarsch besatt sina ställningar bakom vattendraget, därigenom skulle bindas i sin rörelsefrihet, så att de icke skulle hinna verkställa omgrupperingar och vidtaga motåtgärder, innan segern vore i svenskarnas händer.

Efter en framryckning genom en skog grupperades den svenska armen framför sachsarnas front på förmiddagen den 9 juli. Sachsarna, som icke väntat, att de underlägsna svenskarna skulle vara nog djärva att anfalla dem, besatte, som förutsett var, sin ställning. Den svenska armen drog sig nu åt vänster för att verkställa det beslutade anfallet mot sachsarnas högra flygel.

Då inträffade två oförutsedda händelser, som hotade att kullkasta planen och förbyta den väntade segern i nederlag. Den polska kronarmen anlände tidigare än beräknat, och sachsarna visade sig känna till övergångsställen över vattendraget i deras front, vilka undgått svenskarnas spaning. Men svenskarna voro vuxna detta svåra läge. De hinder, som rest sig mot stridsplanens genomförande, bröts. Lugnt och snabbt vidtog ledningen erforderliga motåtgärder.

Svenska högra rytteriflygeln vändes mot det sachsiska rytteriet, som gått över vattendraget. På alla sidor omgiven av den mycket överlägsna fienden värjde sig det svenska rytteriet genom upprepade anfallsstötar. Dessa ledde slutligen till att fienden slogs ur fältet. Mot vår vänstra rytteriflygel, som förstärkts med i språngmarsch dit förflyttade infanteribataljoner, red den polska kronarmen. förstärkt av sachsiskt rytteri, i tätt sammanpackade massor till attack. Men svenskarna stodo ståndaktigt mot den till synes överväldigande stormen. I mönstergill samverkan mellan de olika vapnen avslogos anfallen. Inför svenskarnas motanfall lämnade ryttarskarorna i flykt slagfältet.

Då faran var avvärjd, fullföljdes den ursprungliga stridsplanen. Svenskarnas kraft räckte till för nya uppgifter. I okuvlig framåtanda gick fotfolket efter en kort eldförberedelse på fienden med de blanka vapnen. Befästningarna stormades, sachsarnas trupper revos upp. Fienden omfattades slutligen helt och sträckte till stor del vapen. Hans arme var krossad, målet vunnet.

Gentemot sachsarna vann generalen Carl Gustaf Rehnschiöld vid Fraustadt år 1706 en ny seger.

Sedan Karl XII småningom skapat den breda bas, han ansåg vara nödvändig för slutuppgörelsen med Ryssland, marscherade han mot Moskva för att vinna avgörandet. Ryssarna besegrades vid Holovczyn år 1708, men droga sig undan så tidigt, att segern icke blev avgörande. Året därpå (1709) efter en osedvanligt sträng och för den svenska hären påfrestande vinter ledo vi ett ne-

derlag vid Poltava. Konungen var svårt sårad
och kunde icke själv direkt leda trupperna. Den
enhetliga ledningen, en nödvändig förutsättning
för framgång i krig, brast. Härens läge försäm-
rades i hög grad genom att enighet icke kunde
nås mellan underbefälhavarna. Armen måste gå
tillbaka.

I konungens frånvaro svek förtröstan de
svenske. Inför en underlägsen fiende kapitule-
rade vid Perevolotjna det dåtida Europas bästa
trupper. Motgången hade förlett oss att överilat
och i hastigt mod kasta allt över bord. Den "het-
sighet", som utgör en motsats till det stadiga i
vårt folklynne, hade framträtt. Skadan kunde
aldrig botas.

Fiendernas antal växte. Tappert och med
beundransvärd offervilja kämpade det svenska
folket, på alla håll omgivet av fiender. Danmark
sökte återtaga Skåne, men genom segern vid Häl-
singborg år 1710 avslogs anfallet. Även Hanno-
ver samt det nu med detta land i personalunion
förenade England, som nyligen varit vår bunds-
förvant, slöto sig bland andra till våra fiender.

Sedan konung Karl år 1718 stupat vid
Fredrikshald, var den drivande och ledande kraf-
ten i krigföringen borta. Ryssarna kunde grund-
ligt härja längs våra kuster. Där försvaret sköttes

med kraft, avslogos dock strandhuggen, särskilt då reguljära trupper stodo till förfogande. Så var emellertid icke alltid fallet. Ofta visade det sig, att i de till hemortens försvar uppbådade, men oövade skarorna självbevarelsedriften och fegheten toga överhanden.

Det kan synas egendomligt, att de fegas bröder och söner ungefär samtidigt med aldrig sviktande mod stredo som soldater i fälthären. Disciplin och övning hade vant dessa senare att behärska sig själva. Däri ligger förklaringen.

Enbart år 1719 brändes bland annat upp emot en tiondel av våra städer. Ett par år senare brändes ytterligare en del. Trots dylika skador, trots hunger och pest och alla andra lidanden, kriget fört med sig, reste sig dock vårt folk och återuppbyggde ehuru inom snävare gränser, sedan frederna slutits, vad som förstörts.

I freden förlorade vi Östersjöprovinserna, Sveriges utanverk mot öster, vilka dittills skyddat vårt land för krig på egen botten.

Den dåtida svenska krigskonsten, grundlagd av Gustaf II Adolf och vidare utvecklad av Banér, Karl X Gustaf och andra, tillämpades och utvecklades av Karl XII djärvt och snillrikt.

Hans operationer syftade att tvinga fienden till slag, i vilket han ofta genom en omfattning av fiendens flyglar sökte krossa honom för att därmed vinna fälttåget eller i bästa fall kriget.

De svenska trupperna hade genom trägen övning genomsyrats aven okuvlig framåtanda och hopgjutits till väl disciplinerade, fasta förband. Man byggde därvid vidare på den grund, som lagts av den stränge Karl XI. Dessa trupper förstod Karl XII att bruka, obunden av de regler, vari den dåtida krigskonsten stelnat. På ett mästerligt sätt bragtes de olika truppslagen till samverkan. Hans truppföring stod långt före sin tid.

Liksom Gustaf II Adolf kan Karl XII tjäna såsom förebild för varje svensk soldat.

Med ett mod, som aldrig sviktade, förenade han strängt sedligt allvar, stark viljekraft och en ovanlig förmåga av självbehärskning. Han stred för vad han ansåg rätt. Han nöjde sig under fälttågen med den enklaste kost. Härigenom bevarade han sin kropp sund och underhöll genom härdande ritter och andra idrottsövningar en spänstighet, som gjorde det möjligt för honom att även under otroligt prövande ansträngningar vara ett föredöme för sina krigare.

Föga hade Gustaf II Adolf, Karl XII och vara andra stora fältherrar mäktat uträtta, om icke deras soldater besuttit samma krigsmannaegenskaper, som de själva, och satt fäderneslandet främst, det egna jaget i andra rummet. Under klok, omsorgsfull och kraftig ledning av våra stora konungar och av andra härförare så som Banér och Torstenson visade den svenske solda-ten vackra prov på trohet, mod och viljestyrka.

Frihetstiden och gustavianska tiden

På den s.k. frihetstiden kan man med fog tillämpa, vad biskop Tomas sade, att friheten får verkligt värde blott för "den, frihet väl kan bära". Fria voro vi, friare än under den närmast föregående tiden, men friheten slog, till fara för Riket, över i inre splittring. Utländska makter, främst Ryssland och Frankrike, begagnade sig därav för att blanda sig i Sveriges angelägenheter. Vi fingo ett ryskt och ett franskt parti. Man försmådde icke ens att av utländska makter mottaga understöd för att främja deras intressen. Ryssland förkunnade visserligen, att det icke ville oss något ont. Men vart det innerst syftade framgår av dess förhållande till Polen. Även här hade det fått tillfälle att blanda sig i de inre angelägenheterna. Slutet blev, att Polen delades mellan Ryssland, Preussen och Österrike.

De krig, vi förde under frihetstiden, igångsattes utan tillräckliga förberedelser, ja t. o. m. i ett fall utan att målet var ett verkligt livsintresse för vårt land. De fördes kraftlöst och slutade föga ärofullt. Tidsandan gjorde sig gällande även i utrikespolitik och krigföring. Om icke gynnsamma tillfälligheter hjälpt oss, kunde följderna hava blivit svårare än vad som blev fallet.

Gustaf III:s kraftfulla ingripande satte tills vidare en gräns för det ryska mullvadsarbetet. Det ryska krig, han framför allt i det syftet förde, blottade, huru farliga verkningarna därav redan hade blivit. Vid armen i Finland vägrade t.o.m. en del av befälet vid Anjala att lyda konungen. Operationerna lamslogos. Det gynnsamma tillfället gick förlorat. En ljuspunkt under kriget var emellertid den svenska skärgårdsflottans seger vid Svensksund år 1790. Ehuru striden utkämpades till sjöss, kan även armen, som lämnade största delen av fartygsbesättningarna, räkna Svensksundsdagen som en av sina segerdagar. Flera av våra regementen föra också segernamnet "Svensksund 1790" på sina fanor.

Efter konungens död tog undermineringsarbetet åter fart. Dess ödesdigra följder skulle icke utebliva.

Sverige och Ryssland hade gemensamt deltagit i kampen mot fransmännens kejsare, Napoleon I. År 1807 försonades emellertid Frankrike och Ryssland. Man kom härvid överens om, att

63

Ryssland som ersättning för lidna förluster skulle få taga Finland från Sverige. Ryssarna begagnade sig utan betänkande av det goda tillfället nu, då Europas mäktigaste stat var dess vän. Mitt under vintern överföll det oss överraskande. Vår flotta kunde den årstiden intet uträtta. Landstridskrafterna fingo ensamma upptaga kampen. Senare tryggade vår örlogsflotta, understödd av engelska sjöstridskrafter, förbindelsen mellan Sverige och den finländska krigsskådeplatsen.

Utan krigsförklaring bröt ryska armen in over gränsen. Proklamationer från den ryske överbefälhavaren uppmanade finska folket till landsförräderi. Hade icke Sveriges sändebud i Ryssland vakat och handlat, skulle vi blivit helt överrumplade. Han varnade direkt finska armen, vilken dittills fått sväva i okunnighet om den annalkande faran. I lättsinnig tro på att anfallet icke skulle komma så snart, hade den svenska ledningen icke vidtagit erforderliga åtgärder för att öka krigsberedskapen. I sista stund hunna truppförbanden i Finland dock att mobilisera och uppmarschera.

I Stockholm hade man funnit sig nödsakad att arrestera den ryske ministern.

Men landsförrädare drogo försorg om, att han alltjämt kunde sända rapporter om de svenska försvarsåtgärderna till sin regering.

I Finland gick det olyckligt. I stället för att föra försvaret anfallsvis, då så lämpade sig, fördes trupperna steg för steg mot norr. Ledningens åtgärder gingo huvudsakligen ut på att bevara armen, icke att modigt gå mot fienden. Då så dock till sist skedde, uteblev icke framgången. Men läget förbättrades därav blott för stunden. Vi förstodo icke att gripa de gynnsamma tillfällena. Det starka Sveaborg kom genom förräderi i ryska händer. Finland erövrades. Anfallen riktades nu mot Sverige dels norr om Bottniska viken, dels under vintern över isen mot Norrlands kust. Det farligaste av alla hotade från Åland mot Uppland och huvudstaden. I väster hade vi det fientliga Danmark-Norge. Vårt eget land lyckades vi dock trots allt rädda. Våra naturliga gränser visade sitt värde. Men Finland kom under ryskt välde. Det fick i sinom tid känna på, vad det vill säga att förlora sin frihet. Först efter mer än hundra år lyckades Finland i blodig kamp återvinna friheten.

Gustaf IV Adolf hade visserligen redan före kriget gjort en del för att stärka försvarskraften. Under kriget hade emellertid den urgamla värnplikten åter måst tagas i bruk. Den indelta armen enbart var icke tillfyllest. Dock berodde icke krigets olyckliga utgång av brist på stridskrafter. Våra trupper räknade år 1808 (över 80 000 man, varav blott en mindre del hade behövt användas till skydd i väster. Ryssland, som hade sina långa gränser att trygga, kunde blott insätta 50 000 man mot oss, en åttondel av dess reguljära arme. Den ryske överbefälhavaren uttalade också i sina rapporter flera gånger sin misströstan om att kunna jaga oss ut ur Finland – trots alla våra missgrepp. Nej, orsaken till nederlaget låg framför allt i den modlöshetens anda, som gjorde sig gällande. Vi voro till följd av våra egna fel slagna redan före kriget.

Även under detta krig lades dock ofta goda krigsmannaegenskaper i dagen av både svenska och finska soldater. Då någon del av armen i Finland fördes till strid, visade den prov på tapperhet och segervilja. Den "frös och svalt, men segrade tillika".

Det sista krig, vi fört, voro vårt deltagande i 1813 års fälttåg mot kejsar Napoleon och de företag, som ledde till unionen med Norge. Den svenska armen fördes härunder av dåvarande kronprinsen Karl Johan.

Vår sekellånga fred
Våra krig hava förts för fäderneslandets försvar. Vårt land har bestått i kampen tack vare det

svenska folkets inneboende kraft, grundad i dess goda rasegenskaper. Vi böra visserligen icke yvas över de bragder, våra fäder utfört, men väl böra vi taga lärdom av deras gärningar, bragder som missgrepp.

Vårt folk har i mer än ett sekel njutit fredens välsignelse. Sveriges krafter hava kunnat odelat riktas på fredliga värv. Vad vi på det området uträttat, är icke mindre ärofullt än våra krigiska stordåd. Det försvar, som under det gångna seklet av vårt folk långsamt byggts upp, har sin betydelsefulla andel däri. Det tryggade vår kultur, frihet och fred.

Som ersättning för förlusten av Finland. vårt sista utanverk i öster, hade föreningen med Norge kommit till stånd. Men även vårt försvar måste få ersättning för vad det förlorat i kraft. Under 1800-talet fortgick ett oavbrutet arbete på försvarsväsendets omgestaltning efter tidens krav. År 1812 återupptogs den allmänna värnpliktens princip genom införandet av den s. k. beväringsinrättningen som förstärkning åt den indelta armen. Erfarenheterna från de stora krigen i Europa under 1860- och 1870-talen gjorde emellertid en fullständig omorganisation av vår här nödvändig. Först år 1892 togs dock det första steget i den riktningen. År 1901 genomfördes slutligen en ny härordning. Indelningsverket avskrevs, och den allmänna värnplikten blev i huvudsak härordningens grundval. Bodens fästning anlades, flottan förstärktes.

Vårt läge blev emellertid allt vanskligare. Föreningen med Norge upplöstes år 1905. I Finland pågick ett hänsynslöst arbete att förryska landet. Talrika ryska trupper förlades dit. Världskriget började också kasta sin slagskugga framför sig. Strax efter det att detta utbrutit, antogs år 1914 en förbättrad försvarsordning. Denna hann icke genomföras. Efter världskrigets slut vidtogs genom det s.k. provisoriet beskärningar av densamma. Genom beslut år 1925 avlöstes detta av nu gällande försvarsordning, för vilkens grunder redogörelse lämnas i de olika truppslagens soldatinstruktioner.

Under världskriget förelåg vid flera tillfällen fara för att Sverige skulle indragas i detsamma. Vår neutralitet hotades även upprepade gånger av smärre kränkningar. De styrande i vårt land lyckades dock i sin strävan att hålla oss utanför kriget samt att få svenskt område respekterat av de krigförande. Att så kunde ske berodde i väsentlig mån på styrkan av de försvarskrafter, varöver vi förfogade för tryggande av vår fred.

Under vår långa fred hava emellertid svenska

män som frivilliga deltagit i andra länders krig. De hava därvid visat månget prov på tapperhet och pliktuppfyllelse.

Kriget förr och nu
Kriget har ändrat utseende och form under tidernas lopp. Men krigets väsen har förblivit detsamma. Liksom under våra stora krig beröres hela folket av kriget. Alla krafter behövas. Nu för tiden har emellertid arbetet bakom fronten, vid plogen och i fabrikerna, fått en större betydelse än förr. Förbrukningen av ammunition och materiel har ökats i det nutida kriget. Stor vikt måste därför läggas på industriens krigsberedskap. Detta förhållande så väl som nödvändigheten av att även förbereda andra grenar av materiell krigsberedskap för, att numera hela nationen måste förberedas för användning i försvarets tjänst,

Vapenteknikens utveckling har tvungit till vissa förändringar i truppernas uppträdande och förfaringssätt under strid och andra förhållanden i fält. Vad som i detta fall särskilt framträder är det helt nya stridsmedel, som i och med världskriget blev av utomordentlig betydelse, flygvapnet. Kriget föres icke längre blott till lands och till sjöss utan även i och från luften. Flygvapnet inverkar på operationerna till lands, dels såsom medel för spaning mot fienden, dels genom sina anfall mot trupper o. d. på marken. Men flygvapnet kan även rikta sina anfall mot städer och orter bakom de kämpande härarna. Befolkningen i hemorten kan nås och dess motståndskraft påverkas. Brytes hemortens motståndskraft, faller därmed även avgörandet vid fronten. Genom ett väl förberett luftförsvar kan emellertid verkan av anfall från luften i hög grad begränsas. Olika länder äro också i olika grad känsliga för dylika. Vårt glest befolkade land är i det fallet gynnsammare ställt än de folktäta stormakternas områden. Motståndskraften beror dock ytterst på folkets offervilja och sega uthållighet.

Tekniska hjälpmedel och vapen hava under tidernas lopp alltmera fulländats.

Deras värde blir dock städse beroende av det sätt, varpå de handhavas och komma till användning. Den levande kraften har sålunda icke förlorat sin betydelse. Nu för tiden, då stridssättet ofta fordrar, att var man uppträder för sig själv skild från sina kamrater, sättes soldatens duglighet och personliga egenskaper på kanske ännu hårdare prov än någonsin tidigare.

Duglighet vinnes genom övning. Vad Olaus Petri skrev om övningens betydelse i "En swensk cröneka", gäller lika sant i dag som för snart 400 år sedan. "Den är iu alltid dristigare, som vet vad han göra skall, när fara är å färde, än den som icke vet, vad han göra skall. Man varder understundom trängder och överfallen af fienderna på platser, där ont är till att försvara sig. Vad då icke är gott råd och förstånd med, så varder man förskräckt och faller i förtvivlan. Därföre hörer det mycket till att vara en rätt stridsman. Honom var der icke alltid tillstatt, att han får utvälja sig själv, vad plan han skall strida uppå. Han måste taga tiden som han kommer. Men det är konst veta skicka sig efter lägligheterna och den där sådan konst hava skall, han måste öva sig der uppå. Ja, Gud må förbarma sig över den stridsman, som då först skall lära denna konsten, när han kommer inför fienden. Om fienden skall lära oss strida, så kommer vårt kindben svida.

Ty det är ingen ringa konst att vara en rätt stridsman. Draga goda värjor är ingen konst, det kan ock en slätt man göra. Men att kunna bruka dem där hörer konst, möda och arbete till."

De olika truppförbanden och truppslagen måste samverka för att framgången i striden skall bliva möjlig. För att ett truppförband av vilket truppslag det vara må därvid skall kunna fylla sin uppgift, är det nödvändigt, att även de enskilda soldaterna inom detsamma samverka och att varje man gör sin plikt. Det är soldaternas krigsmannaegenskaper, som fälla utslaget.

Många bevis härför kunna hämtas från världskriget.

III

Krigsmannaegenskaper

De egenskaper, som skola känneteckna soldaten, äro framför allt plikttrohet, tapperhet, viljestyrka och disciplin. Han skall även vinnlägga sig om gott kamratskap och hedrande vandel. Dessa egenskaper äro icke endast nödvändiga för framgång i krig utan även inom det samhälleliga arbetets skilda områden.

De olika krigsmannaegenskaperna äro beroende av varandra. De kunna icke strängt åtskiljas. Framför allt sammanhänger plikttroheten nära med de övriga.

PLIKTTROHET hos de enskilda soldaterna är den grund, på vilken krigsmaktens användbarhet ytterst vilar. En här, inom vilken plikttroheten försvagats, där de enskilda icke uppfylla sina skyldigheter, faller sönder och är förlorad. Plikttroheten bottnar i känslan av ansvar. Men den är något mer än en känsla. Den yttrar sig även i handling.

Hänförelse och fosterlandskärlek verka i det fallet sporrande, men äro dock icke tillfyllest. Viljan måste vara stark nog att giva kraft och uthållighet åt handlandet. Plikttroheten är seg. Först i olyckor och faror visar det sig, om den är äkta. Ju svårare läget är, dess offervilligare är den.

Förräderi, överlöpande till fienden och flykt äro de svåraste brotten mot plikttroheten. Även bristande vaksamhet på post och som patrullkarl äro svåra brott. En soldat, som vid något tillfälle brister i den tystnadsplikt, som åligger honom, bryter även mot pliktens bud. Detsamma gör även den, som visar bristande framåtanda under anfall, dåligt utnyttjar terrängen, verkställer eldgivning slarvigt o.d. Försyndelser i nu nämnda och andra fall kunna medföra vådliga följder för truppförbandet och kamraterna.

TAPPPERHET, det vill säga mod och offervilja, måste känneteckna soldaten, om han skall kunna fylla sin uppgift.

Soldaten måste vara beredd att för Sveriges frihet våga sitt liv. Krigets natur gör, att offer måste bringas, om dess mål skall kunna nås. Utan förluster i stupade och sårade kan icke en strid genomföras. Vissa måste offra sig för att icke alla skola dragas i olycka.

Självbevarelsedriften kan försvåra ett modigt uppträdande och taga sig uttryck i bristande framåtanda och feghet. Plikttrohet, viljestyrka och disciplin äro de krafter, som motverka dylikt. Soldaten måste lära att behärska sig själv, övervinna självbevarelsedriften. Den militära utbildningen avser därför icke minst att ingjuta förståelse för detta.

Den från finska kriget 1808 – 1809 berömde befälhavaren för Björneborgs regemente, Georg Karl von Döbeln, har i sin dagbok karakteriserat tapperheten i ett yttrande över en i främmande land stupad kamrat: "Hans förnämsta egenskap var att äga den sanna och fullkomliga tapperheten; ty i sin tjänst var han i stånd till att utan vittne göra vad en annan endast skulle gjort in för hela världens ögon".

VILJESTYRKA är det, som i krig ytterst fäller utslaget. Den skall yttra sig i dådkraftig handling och seg uthållighet.

Blott genom beslutsamt och kraftfullt handlande kan fienden besegras. Sådan handling förutsätter självförtroende, grundat på duglighet. Liksom den, som i en tävlan, t. e. fotbollsspel eller boxningskamp, blott försvarar sig eller tager emot motståndarens slag och aldrig själv anfaller eller slår igen, slutligen dukar under, så blir i krig den, som alltid blott försvarar sig och aldrig själv går till anfall, till sist slagen. Overksamhet leder till fördärv. Genom rådig beslutsamhet kunna däremot de svåraste lägen vändas till det bättre.

Vad djärv och beslutsam handling kan betyda visar en annan dagboksanteckning av Georg Karl von Döbeln.

Vid Pihlajanlax låg på sommaren 1789 en svensk postering på 30 man. I skydd av mörkret hade några hundra ryssar lyckats närma sig. Först då de voro alldeles inpå den gard, i vilken posteringen låg, blevo de upptäckta. Förvirringen på svenska sidan blev stor. Den ende, som icke förlorade besinningen, var en ung vapenhantverkare vid namn Bugt. Han tog befälet. En del av posteringen fördelades i mellan rummen mellan husen. Några man sändes ned i skogen i ryssarnas flank och rygg med befallning att oupphörligen skjuta. Bugt själv ropade med hög röst, att än en infanteribataljon, än en jägarbatalion än dragoner skulle rycka fram. Då en del av de ryska officerarna talade svenska, förstod o de, vad som sades, och blevo något överraskade av att höra dylika kommandorop på ett ställe, där de blott väntat finna 30 man, ty icke vore det väl tänkbart, att några tiotal man skulle kunna avdela en styrka för anfall i deras rygg. Slutet blev också, att de överlägsna ryssarna gingo tillbaka.

Seg uthållighet fordras av soldaten icke blott under strid utan även under bevakningstjänst, marscher och andra ansträngningar. En soldat, som icke håller ut trots allt, minskar truppförbandets kraft och gynnar fiendens avsikter. En stark vilja kan emellertid ofta övervinna självbevarelsedrift och trötthet. Mänsklighetens historia från äldsta tider till våra dagar giver en mångfald exempel härpå. Krafterna räcka i allmänhet lika långt som viljan.

DISCIPLIN är krigsmaktens hörnpelare. Lydnad och förtroende för befälet är en grundförutsättning för ett nyttigt militärt arbete i fred och för framgång i krig.

Blott väl disciplinerade truppförband förmå i fält verka på rätt sätt. Ett väl disciplinerat truppförband har alltid utsikt att vinna seger, samtidigt som det också undgår onödiga förluster.

Den enskilde må i övrigt vara hur duglig som helst, utan disciplin blir han icke i stånd att fylla sin plikt som soldat. Lydnaden är det oumbärliga stödet för övriga krigsmannaegenskaper. Genom övning och förståelse måste lydnaden övergå till en vana.

Inom varje organisation, avsedd för praktisk verksamhet, är disciplin nödvändig. Inom ett industriföretag måste arbetsledarna ordna det hela. De enskilda hava att lyda och utföra var sin del av arbetet. Ingen av länkarna i kedjan kan svika sin uppgift, utan att det hela tar skada. Även inom andra områden gäller detsamma, t. e. vid vissa slags idrottstävlingar. Skall ett dragkampslag förmå verka på bästa sätt, måste alla draga på samma gång, lydande ledarens tecken. I motsatt fall blir verkan mindre, krafterna förspillas utan resultat och motsidan vinner.

Förhållandena äro likartade inom det militära området. Truppförband måste ledas kraftfullt och målmedvetet. De enskilda kunna icke i erforderlig grad överblicka förhållandena. De måste förlita sig på ledningen och i uppoffrande lydnad enigt samverka för att lösa de uppgifter, denna uppställer till det helas gagn.

Strävar var och en åt sitt håll, går det hela isär till allas fördärv. En vilja måste råda, blott en befalla. Detta gäller ned till de lägsta underavdelningarna.

Ett dylikt lydnadskrav förminskar icke betydelsen av, att varje soldat är en fritt tänkande och handlande människa, som i skilda lägen, särskilt där befälets inverkan icke hinner eller kan göra sig gällande, målmedvetet och utan tvekan fullföljer sina uppgifter samt visar kraftig självverksamhet.

Inom t.ex. en grupp är det blott gruppchefen, som har att befalla. Då gruppen insättes till anfall, giver han order om anfallsmålet, samverkan under framryckningen osv. Då så är möjligt, fullständigar han efter hand dessa order. Han kan emellertid icke i detalj på förhand bestämma allt och oförutsedda händelser kunna inträffa. Ofta är det för honom och annat befäl omöjligt att ingripa. Varje man måste därför handla självständigt och lämpa sitt uppträdande efter förhållandena. Då soldaten i sådana fall fattar sitt beslut, har han till ledning det mål, gruppchefen angivit, och den plan för att nå detta, som denne meddelat sina underlydande. Genom att handla med detta för ögonen komma gruppens enskilda soldater att i sitt självständiga uppträdande samverka för målets nående i den riktning, gruppchefen i sin order avsett. Skulle däremot ingen bestämd order hava givits, utan var och en handlat helt på egen hand, så skulle enhetlighet i anfallet icke nåtts, de olika skyttarnas åtgärder skulle icke kommit i samklang med varandra, ansträngningar och offer skulle varit förgäves.

Inom ett batteri framträder behovet av disciplin lika tydligt. De olika pjäserna kunna icke planenligt deltaga i striden, om icke en eldledare finnes. Ett ingenjörkompani kan icke bygga en bro utan att arbetet organiseras av ledningen och underlydande disciplinerat utföra sin andel i det osv.

GOTT KAMRATSKAP är en viktig egenskap, vars värde särskilt framträder, då det gäller att motstå krigets påfrestningar och att därunder hålla den goda andan inom truppförbandet vid makt. Kamrater hålla samman. De understödja och hjälpa varandra. Goda kamrater samverka bäst i strid och under andra svåra förhållanden.

Den, som har kraft kvar, hjälper under ansträngande marscher den uttröttade kamraten att bära gevär och ränsel. Den viljekraftigare rycker de svagare med sig genom uppmuntrande ord och eget föredöme. Den erfarnare giver de andra goda råd osv.

I det blodiga slaget vid Oravais 1808 kämpade på den svenska sidan två soldater, Stolt och Djärv, som tjänade vid samma kompani och städse varit goda kamrater. Under slagets gång hade på ett ställe vänner och fiender blivit blandade om varandra. Striden rasade man emot man med bajonetten. Stolt och Djärv hade skilts åt i handgemänget. Djärv höll på att jämte sin bataljonschef och några andra soldater bliva tillfångatagen. Då samlade Stolt några man, gjorde med dessa ett angrepp mot ryssarna och befriade de hårt ansatta kamraterna.

Kamratskapets sanna väsen tager sig även uttryck däri, att alla gemensamt sträva efter att höja det egna truppförbandets duglighet och anseende.

En hedrande vandel bör utmärka soldaten likaväl som andra samhällsmedlemmar.

Efterord

Visst blev man både klokare av läsningen och visst har ens "stridsmoral" stärkts? Nu handlar det om att omsätta detta i praktiken. Vi vet nu vilka vi är och varifrån vi kommer; vi har fått vårt lands historia presenterad för oss och vi förstår vad våra förfäder var tvungna att genomlida för vår skull. Om vi inte visste det innan så vet vi nu det arv vi fått att vårda!

Det finns mycket att ta med sig från Soldatinstruktion in i föreningens arbete. Även om Det fria Sverige inte är en militär organisation – långt ifrån faktiskt – kan vi som individer inspireras av den mentalitet som den svenske soldaten skulle ha på den tiden som Sverige var svenskt och fosterlandskärleken var lika självklar som kärleken till familjen.

Det som genomsyrade samhällskroppen då har försvunnit idag. Men i Det fria Sverige skall det återuppväckas och bli levande igen. Det skall vi se till!

- - -

Förfäras ej du lilla hop

Gustav Adolf den stores fältpsalm

1.

Förfäras ej du lilla hop,
Fast fiendernas larm och rop
Från alla sidor skalla!
De fröjdas åt din undergång,
Men deras fröjd ej bliver lång,
Ty låt ej modet falla

2.

Din sak är Guds: gå i ditt kall
Och i hans hand dig anbefall,
Så räds du ingen fara.
Hans Gideon skall än bli spord,
Som Herrens folk och Herrens ord
Skall manligen försvara.

3.

I Jesu namn vårt hopp är visst,
Att de gudlösas våld och list
Ej oss men sig förstörer.
Till hån och spott de skola bli.
Med oss är Gud, med honom vi:
Och segern oss tillhörer

Vad är Det fria Sverige?

- Det fria Sverige är en intresseförening för svensk-
  arna, den svenska kulturen och den svenska sä-
  rarten. Föreningen vilar på traditionell grund och
  är frihetligt nationell. Föreningen styrs genom
  sina aktiva medlemmar på demokratiskt vis.
- Det fria Sverige är en ideell och samhällsnyttig
  förening som står upp för lag och ordning, mot
  pöbelvälde och ofrihet. Föreningen står upp för
  individens frihet, under ansvar för den gemen-
  skap som friheten är beroende av.
- Det fria Sverige är en partipolitiskt obunden för-
  ening. Förvisso är vi traditionella nationalister,
  men detta transcenderar realpolitiska ställnings-
  taganden och den klassiska höger-vänster-skalan.
  Den som delar vår vision och står bakom våra
  stadgar är välkommen.
- Det fria Sverige icke-konfessionell. Var och en i
  föreningen har rätt till sin egen tro, eller avsak-
  nad av tro. Det vi kräver av varje medlem är dock
  att de respekterar varandra och de olika trosföre-
  ställningar som våra förfäder tagit till sig genom
  historien.
- Det fria Sverige bygger på principen om organi-
  sering underifrån och det är medlemmarnas egna
  ansvar att förverkliga visionen vi delar med var-
  andra, inom det ramverk som föreningen beslutat
  om.
- Det fria Sverige driver opinion för svenskarna;
  bevakar den politiska och samhälleliga utveck-
  lingen ur ett traditionellt nationellt perspektiv
  och arbetar såväl metapolitiskt, socialt som real-
  politiskt. Detta arbete sker kontinuerligt.

- Det fria Sverige har framtiden för ögonen och arbetar idag för att lägga grunden som framtida generationer kan bygga vidare på. Vi har ett generationsperspektiv på vår verksamhet.

...och vad är vi inte?

Ibland kan det vara på sin plats att man, förutom att berätta vad man är och vad man vill också i klartext berätta vad man inte är.

- Det fria Sverige är inte ett politiskt parti. Föreningen ställer inte upp i val och det står fritt för föreningens medlemmar att rösta som de vill. Föreningen kan dock, som förening och efter tillbörlig beslutsprocess, rekommendera ett parti som anses stå föreningen tillräckligt nära i avgörande frågor.
- Det fria Sverige är inte en utpräglad hierarkisk organisation utan strävar efter en så platt struktur som möjligt, där makten skall ligga så nära medlemmarna det går.
- Det fria Sverige är inte en gatuaktivistorganisation. Vi fokuserar inte på aktiviteter som demonstrationer, torgmöten, flygbladsutdelningar mm.

Våra fyra huvudsakliga verksamhetsområden

Det fria Sverige är å ena sidan en intresseförening för svenskar och arbetar på olika sätt för att driva opinion i frågor som berör oss som folk. Därtill vill vi skapa goda nätverk mellan medlemmarna. Men vi har också långt högre satta mål än så och siktet är inställt på framtiden.

Svenskarnas hus

Svenskarnas hus är föreningens mittpunkt, det är från dem all annan verksamhet utgår. Grundidén med Svenskarnas hus är erkännandet av att vi behöver platser som är våra i samhället. Det räcker inte med mötesplatser på internet, inte heller med konferenser och/eller offentliga sammankomster med ojämna mellanrum. Vi behöver platser som är våra; som ägs av oss och där vi bestämmer husreglerna.

Allt eftersom att föreningen etableras och vinner stöd och förtroende kommer vi att utveckla detta på platser runt om i landet där vi har aktiva medlemmar som vill och kan driva egna hus eller andra fastigheter.

Visionen om dessa hus är att de skall tjäna som en härd, en eld att samlas kring, en trygg plats för vårt folk. Svenskarnas hus ska vara öppna mötesplatser där å ena sidan föreningens medlemmar kan mötas och bygga sina nätverk, delta på intressanta och matnyttiga föreläsningar, uppleva sin egen kultur, med mera; men också platser där allmänheten är välkommen att besöka och själva ta reda på vad svensk nationalism handlar om, på riktigt. Vi har inget att dölja, snarare är vi stolta och glada över vårt engagemang.

Den sociala idén i praktiken

Vår sociala idé handlar i grund och botten om att varje svensk ska ha en grundläggande trygghet i Sverige. Med utgångspunkt från Svenskarnas hus vill vi vara en positiv kraft i det område vi befinner oss, men också på andra ställen där vi ännu inte etablerat oss men har medlemmar eller kontaktpersoner. Och även om vi inte kan hjälpa till rent praktiskt har vi för avsikt att på alla andra sätt uppmärksamma och försöka påverka till det bättre. Genom vår organisation skall enskilda kunna få råd och praktisk hjälp att själva kunna ställa sig på barrikaderna.

Vad vi i detalj menar med att praktisera den sociala idén kommer att variera från ort till ort. Delvis beror det på behoven, men också på våra möjligheter. Ett är dock säkert, Svenskarnas hus – den sociala mötesplatsen – kommer inte stänga dörren för svenskar som blivit svikna av de politiker vars egentliga uppdrag är att skydda och värna dem. Ibland kanske det kommer att räcka med ett öra som lyssnar eller en bred axel att luta sig mot; andra gånger kanske det är mer praktiska göromål som behövs.

Att driva opinion

Det fria Sverige skall kommentera, kritisera och uppmärksamma varje givet tillfälle där svenskarna som folkgrupp åsidosätts; föreningen skall stå upp för och påvisa att den nationella idén och traditionella uppfattningen är vida överlägsen den moderna diskursen (om den så är liberal eller socialistisk). När regeringen presenterar en ny budget skall vi genomlysa den utifrån svenskarnas perspektiv; när myndighetschefer ger direktiv skall vi analysera hur detta påverkar oss som folk och när gammelmedierna sitter på ljugarbänken skall vi avslöja och ifrågasätta dem. Genom videoklipp, direktsänd nätradio, poddar och med såväl korta slagkraftiga kommentarer som längre analyserande texter är Det fria Sverige den självklara källan för svensk nationalism.

Viktigt är också att vi ingjuter hopp. Många människor känner att situationen är hopplös och de kan känna sig ensamma med den nationella tanke de bär inom sig. Att visa, genom olika enkla sätt, att vi är många fler än man tror om man bara läser gammelmedierna – att vi finns överallt – är nog så viktigt. Föreningen Det fria Sverige skall vara vårt framtida Sverige i miniatyr och vi skall förmedla visionen om denna genom att leva den.

Folkbildning

Folkbildning är lika svenskt som en skål med jordgubbar på midsommar och har en lång tradition i vårt land. Folkbildningen kom till som ett sätt att erbjuda vanligt folk med begränsade resurser att få ta del av utbildning och kunskap som gjorde deras liv bättre. Folkbildningen är fri och frivillig – alltså fri från statlig styrning och frivillig för deltagarna. För Det fria Sverige handlar folkbildningen om två saker och det beroende på vilka resurser vi har.

Å ena sidan erbjuder vi, genom Svenskarnas hus en möjlighet för var och en att besöka och samtala om våra frågor med representanter som kan ge svar. Vår förhoppning är också att varje hus skall ha ett bibliotek med böcker som annars är svårtillgängliga. I Svenskarnas hus hålls också, på veckobasis, föreläsningar, tal och föredrag som vrider och vänder på aktuella frågor eller som ger en fördjupad kunskap om olika ämnen knutna till föreningens verksamhet.

Den andra sidan av föreningens folkbildande arbete handlar om att, utifrån Svenskarnas hus eller lokala resurser på orten, kunna erbjuda hjälp till barn och ungdomar som prioriterats bort av kommunen (oavsett om det är av ideologiska skäl eller på grund av bristande resurser).

Kontaktinformation

POSTADRESS:
Det fria Sverige (DFS)
Box 541
114 79 STOCKHOLM

BANKGIRO:
729-1404

SWISH:
1235105762

HEMSIDA:
www.detfriasverige.se

www.ingramcontent.com/pod-product-compliance
Lightning Source LLC
Chambersburg PA
CBHW071538120626
46550CB00006B/2501